Mme Gougibus,
rôle d'Azéma.

FANFAN DUCROQUET,

SORTANT

DE LA PREMIÈRE REPRÉSENTATION DE

AZÉMA,

OU

LE PÈRE MEURTRIER DE SA FILLE.

PANTOMIME REPRÉSENTÉE POUR LA PREMIÈRE FOIS SUR LE THÉATRE DU LUXEMBOURG, LE 8 OCTOBRE 1822;

PAR M. AUGUSTE,

Auteur du COMTE DE ROSAMBO, pantomime; des DEUX SŒURS, de la FEMME A DEUX VISAGES, des PETITS PAYSANS, de la PETITE FANCHON, de la PORTIÈRE, etc., scènes comiques représentées sur le même théâtre.

POT-POURRI,

PAR LE MÊME.

Un ÉCRIT clandestin, n'est point d'un honnête homme.
Quand j'attaque quelqu'un, je le dois et me nomme.
GRESSET.

———

A PARIS.

CHEZ BARBE, LIBRAIRE, GALERIE DE L'ODÉON,
COTÉ CORNEILLE, N° 13.
1822.

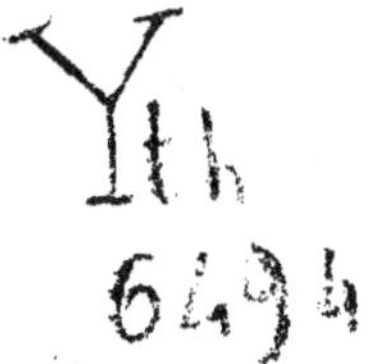

AZÉMA.

Air : *L'autre jour j'me disais com' ça.*

L'autr' jour je me suis dit com' ça,
Puisqu'on donn' ce soir Azèma,
J'irai la voir sans mon papa ;
   Un homme à mon âge,
   Doit passer pour sage,
Et peut aller sans son papa,
Voir l'ouverture d'Azéma.

Air : *Ça n'se peut pas.*

De la boutique, je déloge,
J'arrive en courant tout exprès ;
Chacun me voyant dans ma loge,
Applaudit au saut que je fais.....
De la pièce, on dit que les rôles
Sont charmans....; mais moi je soutien,
Que toutes pièces sans paroles,
   Ça ne dit rien.

Air : *Silence, silence.*

Silence ! silence !
La pièce enfin commence :
J'apperçois la belle Azéma,
Assise auprès de son papa.

Air : *Une fille est un oiseau.*

Quand le papa, la maman,
Sont tous deux partis ensemble,
La pauvre Azéma qui tremble,
Veut partir au même instant,
Mais Rinaldino l'arrête,
Il désire un tête-à-tête,
Pourtant ça n'est pas honnête,
Elle écoute, et reste là....
Il lui déclare sa flamme,
La demande pour sa femme,
En offrant tout ce qu'il a.

Air : *Du haut en bas.*

Je ne veux pas,
Que vous m'en disiez davantage,
Je ne veux pas,
Lui dit-elle avec embarras.

Mais il lui répond avec rage,
Si tu rejettes mon hommage,
Vas, tu mourras.

AIR : *Des fraises.*

Le papa, puis la maman,
Revenu' d'un air maussade ;
Rinaldino les voyant,
Leur dit qu'Azéma se sent
Malade.

AIR : *Allez-vous-en gens de la noce.*

Allons nous-en, mon camarade,
Allons nous-en vite au jardin,
Si ma pauvre fille est malade
Le grand air lui fera du bien ...
Mais le vaurien
Dit : ce n'est rien ;
Si maintenant elle est malade
J'sais ce qui lui fera du bien.

AIR : *Que ne suis-je la fougère !*

Pourtant elle a l'air bien triste,
Et paraît plaindre son sort ;
La musique aussi l'attriste,
Car on dirait qu'elle dort...
Bientôt son amant arrive,
Et, lui dit avec émoi,
Voulez-vous que je vous suive.....
Sentez-vous ça comme moi.

AIR : *Au clair de la lune.*

La scène se change
D'un coup de sifflet,
Et chacun se range
Pour voir le ballet.
Vient la jeune actrice,
Ses pas sont charmans ;
Elle est peu novice
Dans ses mouvemens.

AIR : *Aussitôt que la lumière.*

Bientôt on voit le tonnerre
Tomber avec grand fracas ;
On se sauve, et l'on espère
Se retirer d'embarras.
Le père Arthur prend sa fille,

Mais Rinaldino l'attend,
Et de son poignard qui brille,
Il court lui percer le flanc.

AIR : *Contentons-nous d'une simple bouteille.*

Rinaldino contemple sa victime,
Du père Arthur il voit couler le sang ;
Mais pour cacher qu'il est l'auteur du crime,
Il en retir' le fatal instrument.
« Si l'on croit qu'Azéma tua son père,
» Cela, dit-il, comblera mon dessein..... »
Il s'approche avec l'arme meurtrière,
Que doucement il lui met dans la main.

AIR : *Faute d'un moine.*

Toute tremblante du tonnerre,
Ne sachant où porter ses pas,
Elle quitte un instant son père,
Et va tomber un peu plus bas.
Azéma crie après son père,
Le coup est porté.... c'est fini....
En mettant l'arme meurtrière,
Azéma n'a donc rien senti ?

AIR : *On ne se fait pas la barbe.*

Azéma se désespère,
Ne concevant rien à ça,
Et bien du monde au parterre
Se trouve comme Azéma.
Le traître rit de sa peine.....
Je vois que sur un avis,
La garde arrive et l'enchaîne....
C'est de même qu'à......, Berlin.

AIR : *V'là c'que c'est qu'd'aller au bois.*

On la conduit vite en prison,
Sur le refrain d'une chanson ;
Mais Rinaldino, par derrière,
    Suit la meurtrière,
    Et lui dit : « Ma chère,
» Je te sauverai, mais morbleu,
» Il faudrait me chérir un peu.

AIR : *N'croyez pas, ma cocotte.*

« Fuyez de ma présence,
» Lui dit la pauvre Azéma.... »
Bientôt George s'avance,

Criant : « Monsieur, ha'te-là. »
Chacun tire son épée,
Mais tous deux en restent là,
Voyant la maréchaussée
  Près d'Azéma.

  Air : *Dans les gardes françaises.*

  On emmène la belle
  De suite au tribunal :
  Chacun dit que c'est elle,
  Et chacun dit fort mal.
  Le juge, en homme honnête,
  Après un court débat,
  Veut qu'on coupe la tête
  A la belle Azéma.

  Air : *Il était une fille.*

Bientôt le machiniste
Lâche un coup de sifflet,
Je crus d'abord que l'on sifflait.... ait.
Mais je vis chacun triste,
Les femmes qui pleuraient,
Et les enfans qui sanglottaient.... ait.

  Air : *Qu'il n'a pas une femme entière.*

On découvre un appartement
Et nous en ignorons le maître,
Arrive vite un jeune enfant
Porteur d'une certaine lettre.
Rempli de trouble et de frayeur,
Il cherche et ne sait plus que *faire....*
Ce n'est pas le premier acteur,
Qui ne sait pas ce qu'il doit faire.

  Air : *La bonne aventure.*

Bientôt ce petit garçon,
Vrai, c'est admirable.
Sans perdre esprit et raison,
Se met sous la table.
Hélas ! le petit benet,
Laisse tomber le billet....
Mais on le ramasse
  O ciel !
Mais on le ramasse.

  Air : *Du pas redoublé.*

Après avoir lu le billet,

Rinaldino retire,
De sa ceinture un pistolet
Et s'assied pour écrire.
A la porte il entend du bruit,
Il court, rien ne l'arrête,
Mais l'enfant reprend son écrit,
Ma foi, ça n'est pas bête.

AIR : *Femmes voulez-vous éprouver.*

Le théâtre change, et je vois
Dans une espèce d'anti-chambre,
Une inscription qui, je crois,
Enseigne qu'elle est l'autre chambre.
La troupe arrive doucement,
A Berlin c'est tout le contraire,
Plus qu'Azéma George est tremblant...
Ce n'est point là son ordinaire.

AIR : *Bouton de rose.*

Com' la Vestale,
Azéma porte un noir pourpoint;
Mais la chose est originale,
Chacun sait qu'Azéma n'est point
Une Vestale.

AIR : *Eh! quoi, l'ingrat feint de ne pas comprendre.*

«Mon cher amant, il faut que je te laisse,
»Dit Azéma ; que ferait-on sans moi?
»Pour cette affaire, ah ! crois-en ma tendresse,
     »On se passera bien de toi.
»Il faut mourir, mon sort ainsi l'ordonne;
»Vivre avec toi, tel était mon souhait;
»D'ailleurs tu sais que toi mieux que personne,
     »Remplissais mon objet. »

AIR : *Cadet-Roussel est bon enfant.*

On appelle enfin Azéma,   (*bis.*)
Pour lui j tter la tête à bas.   (*bis.*)
Je crois qu'elle fait la grimace,
Qu'elle voudrait avoir sa grâce....
     Mais, mais on dit pourtant,
Que femm' sans tête c'est charmant.

AIR : *Bonjour mon ami Vincent.*

George regarde Azéma,
Qui s'en va d'un air tranquille;
Il pleure, et ne la suit pas ;

(8)

On le croirait imbécille ;
Vers la porte, il porte ses pas,
Pour dire au public ce qu'on fait la bas :
»Ciel ! dit-il, on la déshabille,
»Que vois-je, hélas ! ce n'est pas là tout....
Elle tend le cou,   (bis.)
Et tout gaîment reçoit le dernier coup.

AIR : *Alleluia.*

Las ! j'entendis le couperet ;
On crut qu'on fendait un cott'ret,
Mais moi qui ne suis pas benêt,
Je dis : « C'est fait. »

AIR : *Des trembleurs.*

Mais Rinaldino qui crie,
Entre comme une furie,
Dit : « Est-elle encor en vie?
Courons, sauvons Azéma ;
Monsieur, vous voyez son père,
Vous saurez tout ce mystère....
George qui se désespère,
Lui répondit : « Elle est là. »

APOTHÉOSE.

AIR : *C'est donc la seule chose.* (Vautour.)

Le théàtre qui change,
Nous montre l'Éternel,
Azéma, comme un ange,
Est auprès, dans le ciel....
Mais son père succombe,
En se perçant le cœur,
Et craint qu'elle ne tombe.....
J'crains plutôt pour l'auteur.

REFLEXION JUDICIEUSE DE DUCROQUET.

AIR : *On tire sa poudre aux moineaux.*

A mon tour voulant un succès,
Je composais un vaudeville ;
Mais on se moqua des coup'ets,
De l'orthographe et de mon stile.
Je le crus pourtant bien écrit,
J'avais pillé de bons apôtres,
Je sais, quand on n'a pas d'esprit,
Qu'on emprunte celui des autres.

De l'imprimerie de PLASSAN, rue de Vaugirard, n° 15.